BEI GRIN MACHT SICH IHR WISSEN BEZAHLT

- Wir veröffentlichen Ihre Hausarbeit, Bachelor- und Masterarbeit

- Ihr eigenes eBook und Buch - weltweit in allen wichtigen Shops

- Verdienen Sie an jedem Verkauf

Jetzt bei www.GRIN.com hochladen und kostenlos publizieren

Bibliografische Information der Deutschen Nationalbibliothek:

Die Deutsche Bibliothek verzeichnet diese Publikation in der Deutschen National-
bibliografie; detaillierte bibliografische Daten sind im Internet über http://dnb.d-
nb.de/ abrufbar.

Impressum:

Copyright © 2017 GRIN Verlag
Druck und Bindung: Books on Demand GmbH, Norderstedt Germany
ISBN: 9783346030177

Dieses Buch bei GRIN:

https://www.grin.com/document/498162

Anonym

Psychologie des Gesundheitswesens. Eine Analyse von Selbstwirksamkeitserwartung und Stress

GRIN Verlag

GRIN - Your knowledge has value

Der GRIN Verlag publiziert seit 1998 wissenschaftliche Arbeiten von Studenten, Hochschullehrern und anderen Akademikern als eBook und gedrucktes Buch. Die Verlagswebsite www.grin.com ist die ideale Plattform zur Veröffentlichung von Hausarbeiten, Abschlussarbeiten, wissenschaftlichen Aufsätzen, Dissertationen und Fachbüchern.

Besuchen Sie uns im Internet:

http://www.grin.com/

http://www.facebook.com/grincom

http://www.twitter.com/grin_com

Deutsche Hochschule für
Prävention und Gesundheitsmanagement
Hermann Neuberger Sportschule 3
66123 Saarbrücken

Einsendeaufgabe

Fachmodul: Psychologie des Gesundheitswesens

Studiengang: Gesundheitsmanagement

Studienort: **Saarbrücken**

Semester: **Wintersemester 2015**

Inhaltsverzeichnis

Selbstwirksamkeitserwartung

1.1 Definition: Selbstwirksamkeitserwartung

Selbstwirksamkeit ist das Vertrauen an sich selbst, durch die eigenen Handlungsfähig-
keiten eine gestellte Aufgabe erfolgreich zu erfüllen.

Nach der sozial kognitiven Lerntheorie Banduras (1992) wurde das Zentralkonzept der
Selbstwirksamkeit entwickelt. Diese Theorie stellt eine individuell ausgeprägte
subjektive Überzeugung dar, welche sich auf die Kompetenz zur Ausübung zielorien-
tierter Handlungen bezieht (Bandura, 1992).

Die Erwartung und Konsequenz über Erfolg oder Misserfolg entscheidet darüber, ob
eine Person ihr Ziel weiterhin verfolgt oder es aufgibt. Deshalb unterteilt Bandura
(zitiert nach Schwarzer, 2004, S.12-13) zwei Typen von Erwartungen, wobei beide
Komponenten unabhängig voneinander zu betrachten sind.

1.   Selbstwirksamkeitserwartung (oder Kompetenzerwartung)

2.   Handlungs-Ergebnis-Erwartung (auch Konsequenzerwartung)

Ersteres bezeichnet den Glauben an sich selbst, sowie die eigenen Erwartungen, Situationen aufgrund individueller Kompetenzen und persönlicher Ressourcen erfolgreich und
eigenständig ausführen zu können. Wesentlich hierbei ist, dass der Person eine
Kontrollüberzeugung zugrunde liegt, mit welcher Sie die optimistische Annahme ver-
tritt, Einfluss auf ihre Umwelt nehmen zu können.

Die Handlungs-Ergebnis-Erwartung bezieht sich auf die Konsequenzen welche sich aus
dem Verhalten einer Person ergeben könnten.

Selbstwirksamkeit lässt sich durch verschiedene Erfahrungen erlernen und erhöhen.
Bandura teilt diese in vier wesentliche Quellen ein. Die direkte Erfahrung, bei welchen
Anforderungssituationen erfolgreich bewältigen werden (Bandura, 1997; zitiert nach
Schwarzer, 2004, S.20-21.), die indirekte Erfahrung, welche stellvertretende
Erfahrungen durch Beobachtung einer dritten Person darstellen, die symbolische Erfah-
rung, welches die Mitteilung anderer Personen über sie eigenen Kompetenzen beinhal-
ten und die Gefühlserregung, bei welcher physiologische Prozesse im Körper als Signal
der eigenen Kompetenz gewertet werden.

Zusammengefasst lässt sich sagen, dass erfolgreiche Menschen eine hohe Selbstwirksamkeitserwartung haben und im Umkehrschluss misserfolgsorientierte Menschen eine
niedrige Selbstwirksamkeitserwartung. Diese Schlussfolgerung ist bezogen auf die

Attributionstheorie, sprich die Ursachenzuschreibung, welche Menschen an ihren Erfolgen und Misserfolgen misst, durch interne sowie externe Fähigkeiten.

1.2 Auswertung des Fragebogens „gesunde Ernährung" zur Messung der spezifischen Selbstwirksamkeitserwartung

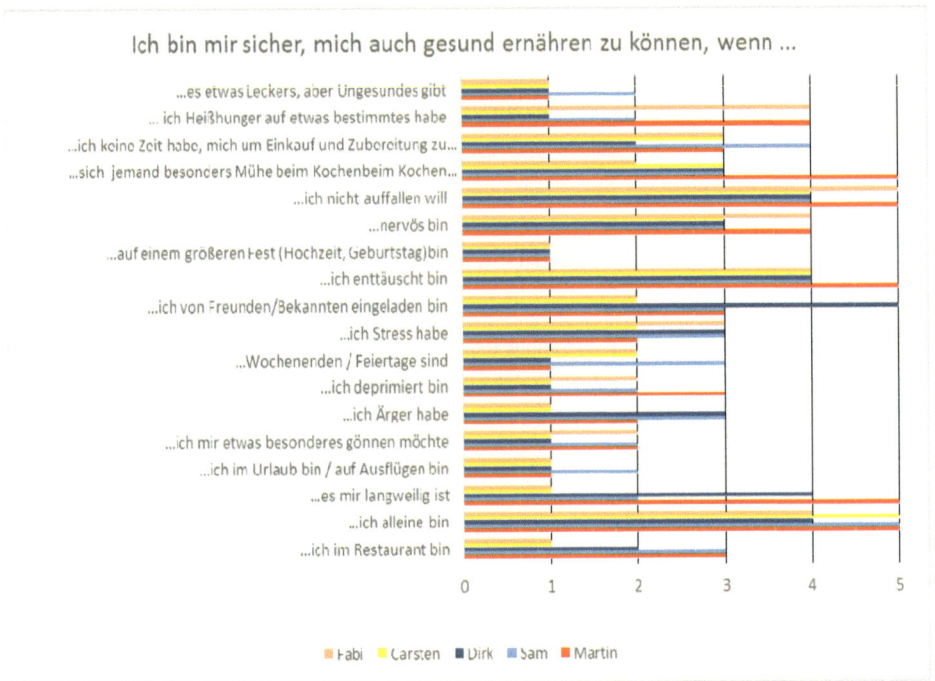

Ich bin mir sicher, mich auch gesund ernähren zu können, wenn ...

1) „gar nicht sicher" 2) „Eher unsicher" 3) Teils-teils 4) „Eher sicher" 5) „ganz sicher"

Die oben gezeigte Statistik ist die Auswertung eines Fragebogens zur Erfassung ernährungsbezogener Selbstwirksamkeit. Es wurden fünf Personen (vier Männer und eine Frau) befragt, ob Sie es schaffen, sich gesund zu ernähren, wenn bestimmte Situationen vorherrschen. Insgesamt wurden den fünf Personen, 18 unterschiedliche Gegebenheiten vorgelegt, welche Sie auf einer Skala von 1 „ gar nicht sicher" bis 5 „ganz sicher", bewerten sollten. Die individuelle Auswertung der Ergebnisse ist in einem Balkendiagramm dargestellt, wobei sich auf der X-Achse die Zahlen von 0-5 befinden und auf der Y-Achse die zu bewertenden

Situationen. Die befragten Personen sind alle im Fitnessbereich tätig und zwischen 25 und 35 Jahren alt.

Besonders auffällig ist die große Übereinstimmung aller fünf Befragten in der Überzeugung, sich auch gesund ernähren zu können, in den Rubriken „... ich nicht auffallen will", „...ich enttäuscht bin" und „...ich alleine bin". Ersteres deutet darauf hin, dass die befragten Personen ungesundes Essen mit Auffallen verbinden. Dies lässt darauf schließen, dass Sie dazu neigen sich gesund zu ernähren, sobald Sie Teil einer Gruppe sind. Voraussetzung ist jedoch, dass sich diese Gruppe gesund ernährt. Das bedeutet, dass Gruppenzwang eine große Rolle spielt, welche sich im Endeffekt aber positiv auf das Essverhalten auswirken kann. Somit erlangen die Befragten, trotz eines geringen Selbstwirksamkeitsgefühls, das gewünschte Ziel sich trotzdem gesund ernähren zu können. Der zweite Übereinstimmungspunkt zeigt, dass die Befragten eine Enttäuschung nicht mit ungesunder Ernährung in Verbindung und es für Sie kein Hindernis darstellt. Letzteres deutet auf eine sehr hohe Eigenmotivation der Befragten hin, welches von hoher Selbstdisziplin zeugt. Die Selbstwirksamkeit der Befragten ist in diesem Punkt sehr hoch, da Sie daran glauben mit Hilfe ihrer eigenen Ressourcen ihr Ziel zu erreichen.

Auf der anderen Seite sieht man ganz deutlich die Übereinstimmung, dass es allen fünf Befragten am Schwersten fällt sich gesund zu ernähren, wenn „... es etwas Leckeres, aber Ungesundes gibt", „... ich auf einem größeren Fest (Geburtstag, Hochzeit) bin" und „... ich im Urlaub bin/ auf Ausflügen bin." Der erste Übereinstimmungspunkt zeugt von einer niedrigen Selbstwirksamkeit, da die Befragten nicht daran glauben, eine herausfordernde Situation selber bewältigen zu können. Hier werden die langfristigen Ziele, wie die Gesundheit oder der Verlust von Körpergewicht verdrängt und die kurzfristige Befriedigung, wie zum Beispiel der Geschmack in den Vordergrund gerückt. Die Konsequenzerwartung wird hierbei völlig außer Acht gelassen, welches von einer fehlenden Selbst-Steuerungskapazität zeugt.

Die letzten beiden Gegebenheiten zeigen, dass eine gesunde Ernährung deutlich schwieriger fällt, sobald man aus seiner Alltagsroutine herausgerissen wird. Entspannung und Geselligkeit sind für die Befragten Ausnahmesituationen, in welchen Sie sich weniger unter Druck setzten, wenn es zu gesundem Essen kommt. Wenn man diese Punkte in Verbindung mit dem Punkt des nicht Auffallen Wollens stellt, so wird deutlich, dass Gruppenzwang (welcher im oberen Abschnitt positiv analysiert wurde) sich auch negativ auf unser Ernährungsverhalten auswirken kann, folglich also auf eine niedrige Selbstwirksamkeit hindeuten lässt.

Interessant wäre es noch zu erwähnen, dass die Antwortschwankungen der fünf Befragten recht hoch sind, wenn es zu emotionalem Essen kommt (siehe „...Stress habe", ...“Deprimiert bin, „...Ärger habe"). Dies spricht von einer hohen Selbstdisziplin des Ernährungsverhaltens bei negativer Gefühlslage der Befragten.

1.3 Wissenschaftliche Studie zur Selbstwirksamkeitserwartung: „Sport im Tausch gegen den Rausch - Steigerung der sportbezogenen Selbstwirksamkeit bei Suchtkranken"

Autor(en) der Studie	Lea Bündgen, Kristina Jacobs & Stephanie Nopper http://www.adaption-ausweg.de/Publikationen/Sportprojekt%20Abschlussbericht.pdf
Jahr	2013
Titel	Sport im Tausch gegen den Rausch Steigerung der sportbezogenen Selbstwirksamkeit bei Suchtkranken
Fragestellung(en)	Steigert körperliche Aktivität die Selbstwirksamkeit bei Suchtkranken?
Stichprobe	Die Studie wurde mit drei ehemals langjährig- drogenabhängigen Männern und einer ehemals langjährig- drogenabhängigen Frau des Bonner Adaptions- und Nachsorgezentrum durchgeführt. Seit mindestens sechs Monaten sind die Teilnehmer clean und befinden sich in der Reintegrationsphase. Der altersdurchschnitt der Teilnehmer beträgt 38,8 Jahre.
Material/Tests	Die Studie wurde beginnend mit Hilfe von zwei Fragebögen

	durchgeführt, bei welchen sich die Wünsche und Erwartungen der Teilnehmer herauskristallisierten. Zur Erfassung des Parameters der sportbezogenen Selbstwirksamkeit wird die standardisierte Skala zur Messung der Selbstwirksamkeit zur sportlichen Aktivität (SSA) im Prä- Post Verfahren angewandt. Diese deckt die Bereiche physische Befindlichkeit, sozialen Bedingungen und äußere Umstände mit 12 Items ab, welche mögliche Hindernisse zum Nichtausführen von Körperlichen Aktivitäten beinhaltet. Das Bewertungssystem geht von 1 (gar nicht sicher = schlechtester Wert) bis 7 (ganz sicher = bester Wert).
Untersuchungsdesign	Die abhängige Variable ist der messbare Parameter, der sportbezogenen Selbstwirksamkeit. Die unabhängige Variable ist das spezifisch angepasste Sportprogramm. Aussagen zur individuellen, sportbezogenen Selbstwirksamkeit der Teilnehmer können über die Selbstwirksamkeitsskala ermittelt werden.
Ergebnisse	Ergebnisse des Prä-Tests: - Bereits hohe sportbezogene Selbstwirksamkeit bei 2 Teilnehmern (zwischen 6 und 7) Ergebnisse der SSA-Skala: (Mediane der Items der Gesamtstichprobe) - Steigerung fast aller Mediane zwischen dem ersten und zweiten Erhebungspunkt - Auffällig: Größe Verbesserung des Items „Sorgen" und des Items „Niedergeschlagenheit", jedoch ist zu berücksichtigen, dass das Item „zu viel Arbeit" bei der Berechnung des Mittelwertes und der Standardabweichung im Prä- und Post Vergleich eine größere Steigerung als das Item „Niedergeschlagenheit" erlangt Ergebnisse im Gesamtvergleich: - drei von vier Teilnehmern erlangten eine Verbesserung der sportbezogenen Selbstwirksamkeit

6

	- Verschlechterung des Prä-und Post Tests bei einem Teil-nehmer

2   Literaturrecherche : STRESS

2.1 Definition

Der Begriff Stress kommt aus dem englischen und bedeutete ursprünglich „das Testen von Metallen oder Glas auf Ihre Belastbarkeit." Die Übertragung des Begriffs in die Psychologie fand erst mit dem Biochemiker Hans Selye statt. Syle fand heraus, dass unser Organismus auf verschiedene Umweltbelastungen wie zum Beispiel extreme Hitze oder eisige Kälte regiert. Eine weitere Entdeckung die er machte, war das unspezifische Reagieren unseres Körpers durch verschiedene Lebensereignisse. Stressoren, welche physischer, psychischer oder sozialer Art sein können, sind Faktoren, welche sich negativ auf das Wohlbefinden auswirken (Holz, Zapf & Dormann, 2004).

Seyle definiert Stress als „unspezifische Reaktion des Körpers auf jede an Ihn gestellt Anforderung oder Bedrohung." Der Körper reagiert auf jeden Reiz mit einer Aktivierung, welche sowohl durch positive als auch durch negative Ereignisse hervorgerufen werden können.

Hans Seyle (1988) unterscheidet des Weiteren zwischen „gutem" Stress (Eustress), welcher unseren Organismus positiv beeinflusst und „schlechtem" Stress (Disstress), welcher von unserem Körper negativ bewertet wird.

Zusammengefasst kann man sagen, dass Stress „ … eine Aktivierungsreaktion des gesamten Organismus mit seiner aktuellen Belastbarkeit, seinen Erfahrungen, seinen Motiven und Denkmustern auf Stressoren, also auf alles was individuell als Anforderung, als Bedrohung oder als Schaden bewertet wird" (Wagner-Link 2009,S. 8) ist.

2.2 Theoretische Grundlagen

Es werden unterschiedliche Phänomene mit dem Begriff „Stress" beschrieben. Im Westlichen wird es verwendet um drei Stresskonzepte voneinander abgrenzen, die reaktionsbezogene, die stimulusorientierte und die transaktionale Stresstheorien. (Lazarus & Folkmann, 1984, 1999).

Reaktionsbezogene Stresstheorien sind Reaktionsmuster, welche sich im Verhalten des Menschen wiederspiegeln, wie z.b. Erhöhung der Herzfrequenz oder des Bluthochrucks. Das Reaktionskonzept fokussiert die physiologische Stressreaktion innerhalb eines Individuums bzw. auf spezifische physiologische Reaktionsmuster (Birmbaumer et al. 2012, 464).

Stimulusorientierte Stresstheorien beziehen sich auf bestimmte Situationen und Reize, welche nach ihrer Stärke des Bewältigungsaufwandes eingeordnet werden.

Bei den transaktionalen Stresstheorien resultiert Stress aus einer Interaktion von Umwelt und Individuum, wobei ebenfalls die Erwartungen, Interpretationen und das Coping des Individuums berücksichtigt werden

Im Laufe der Jahre haben sich viele Menschen mit dem Thema Stress auseinandergesetzt und unterschiedliche Stresstheorien entwickelt.

Das gegenwärtig wohl dominierenste psychologische Stressmodell ist das Transaktionale Stressmodell nach Lazarus (Lazarus & Folkman, 1984). Es betont die Bedeutung von individuellen Bewertungs- und Bewältigungsprozessen. Ob Reize also Stressoren sind oder nicht, ist abhängig von der subjektiv-kognitiven Bewertung, der Interpretation der Person-Umwelt-Konstellation sowie den der Person zur Verfügung stehenden individuellen Bewältigungsressourcen.

2.3 Entstehung

Stress entsteht, wenn die von außen und von innen gestellten Anforderungen nicht mit den wahrgenommenen persönlichen Bewältigungsmöglichkeiten übereinstimmen. Es kommt zu einem Ungleichgewicht und somit zu einem Gefühl der Überbelastung. Quellen der äußerlichen Anforderungen sind z.b. Zeitdruck, Erwartungen von Dritten oder Termine, wobei innere Anforderungen persönliche Maßstäbe und Leistungsstandart sind, welche man an sich selber stellt. (Stuhlmann 2009, S.9-10)

Das Zitat von Elkin (2009, S.14) fasst die Entstehung der von Stress folgendermaßen zusammen: „Der Unterschied zwischen den Anforderungen einer Situation und Ihrer Wahrnehmung davon, wie gut Sie mit der Situation umgehen können, bestimmt, wie viel Stress Sie empfinden werden".

Es gibt drei Komponenten des Stressgeschehens: Stressoren, Stressreaktionen und persönliche Verstärker. Unter Stressoren versteht man Reize, Anforderungen oder Verpflichtungen, welche auf den Menschen einwirken, wobei nicht nur Stärke und Dauer der Stressoren die Stressentstehung und letztendlich das empfundene Stressgefühl beeinflussen, sondern auch individuelle Rahmenbedingungen, wie Erfahrungen ähnlicher Situationen, Veranlagungen und Rahmenbedingungen. Ebenfalls sind Häufigkeit, Vielfalt, Dauer und Intensität für das Stresserleben auschlaggebend. Stressoren werden eingeteilt in physische (z. B Lärm, Hitze, Kälte etc.), psychische (z.b. Überforderung, Kontrollverlust etc.) und soziale (z.B. Konflikt, Mobbing etc.) Stressoren. Diese wiederum können in Unterkategorien gegliedert werden wie z.b.: persönliche Stressoren (z.b. Trennung, Umzug...), katastrophale Stressoren (z.b. Krieg, Naturkatastrophe etc...) und Hintergrundstressoren (Lärm, Stau), nur um einige zu nennen (Litzke, 2007).

Ein weiterer wichtiger Punkt für die Entstehung von Stress ist die individuelle Bewertung der Situation. Stressreaktionen sind beispielsweise Ungeduld, Perfektionismus oder Selbstüberforderung und persönliche Stressverstärker sind gekennzeichnet durch körperliche, emotionale, mentale oder verhaltensbezogene Aktivierungen.

2.4 Überblick über aktuelle Daten und Fakten

Oft kommt es zu Dauerstress im Alltag. Dieser entsteht dann, wenn wir den ganzen Tag angespannt sind und keine Phasen der Entspannung integrieren, welches sich negativ auf unsern Organismus auswirkt und uns krank machen kann. Die Folgen von Stress können unterteilt werden in kurzfristige und langfristige Folgen. Zu den kurzfristigen körperliche Stressfolgen gehört die Erhöhung des Blutdrucks und der Herzfrequenz. Ärger, Frust und Angst sind Folgen von kurzfristigem psychischem Stress. Die Langfristigen Folgen auf körperlicher Ebene betreffen häufig die menschlichen Organe, welche sich auf das Herz-Kreislauf-Systems oder den Magen ausweiten. Auf physischer Ebene sind die langfristigen Folgen Depression, Angst oder Burn-out. (BWG, 2006, S.15).

Die häufigsten Gesundheitsbeschwerden von Dauerstress sind längerfristige Herz-Kreislauf Erkrankungen, Erkrankungen der Muskulatur, welche sich als Kopf- und Rückenschmerzen bemerkbar machen können, Probleme mit der Verdauung, Stoffwechselprobleme, welche zu Diabetes führen können, Probleme mit dem Immunsystem und Schmerzen. (vgl Kaluza 2005).

Andauernder Stress hat ebenfalls Auswirkungen auf die Leitungsfähigkeit des Einzelnen. So hängt Stress oftmals mit Leistungsabfall, erhöhter Unfallgefahr, schlechterer

Arbeitsatmosphäre und Arbeitsausfall verbunden mit größerer Fluktuation zusammen. (DAK Gesundheitsreport 2007).

Bei einer Umfrage von Statista diesen Jahres stellte sich heraus, dass sich fast die Hälfte der Befragten durch die Kostenentwicklung des Gesundheitswesend, sowie die wirtschaftliche Lage in Deutschland und der Welt stressen lassen, dicht gefolgt von der zukünftigen finanziellen Lage als potenzieller Stressfaktor (Statista, 2016).

Aus einer Umfrage von Ver.di geht hervor, dass betriebliche Regelungen im Kampf gegen die Stressbewältigung in über der Hälfte der Betriebe fast gar nicht existent (vgl. S.13), obwohl fast die Hälfte der Befragten angaben, den Vorgesetzen wegen ihrer Stressbelastung schon einmal angesprochen zu haben (vgl. S.12). So befürworten fast 80% eine Regelung im Umgang mit Stress im Alltag (vgl. S.14), (ver.di, 2015 S.12 ff.)

2.5 Präventions-und Interventionsprogramme zur Reduktion von Gesundheitsrisiken

Heutzutage sind die meisten Menschen regelmäßig mit Stress durch Überbelastung konfrontiert, welches nicht selten in ernsthaften Erkrankungen enden kann. So stellt sich die Frage, wie stressbedingten Gesundheitsgefahren wirksam vorbeugen kann.

Man unterscheidet drei unterschiedliche Maßnahmen zur Stressprävention: strukturelle, interpersonale und personale.

Strukturelle Präventionsmaßnahmen beziehen sich, wie der Name schon sagt, auf die individuellen Strukturen im Leben eines Menschen. Hier geht es darum, Maßnahmen herauszuarbeiten, um Berufs-und Privatleben stressfreier miteinander zu vereinbaren und einen einfacheren organisatorischen Ablauf zu entwickeln.

Interpersonale Präventionsmaßnahmen lassen sich als zwischenmenschlichen Beziehungen, ausgehend davon, dass diese häufig eine Belastung für den Menschen darstellen, z. B, durch Konkurrenz oder Neid, beschreiben. Hier wird das Ziel, belastende Kommunikations- und Interaktionsstrukturen abzubauen sowie soziale Unterstützungspotenziale zu fördern, verfolgt.

Die personalen Präventionsmaßnahmen richten sich an das Individuum und verfolgen das Ziel einen gesundheitsförderlichen Umgang mit Anforderungen und Belastungen in Beruf und Alltag zu stärken. (Kaluza, 2014)

Eine weitere Unterteilung der Präventionsansätze ist die Unterteilung in primäre, sekundäre und tertiäre Stressprävention. Die primäre Prävention hat zum Ziel die Folgen aus einer möglichen Stresssituation zu minimieren oder gar nicht erst entstehen zu lassen. Die sekundäre Prävention versucht eine Krankheitsentwicklung zu verhindern und die tertiäre Prävention versucht die Rahmenbedingungen für Personen mit bereits fortgeschrittener Krankheit zu verbessern. (Berufsgenossenschaft für Gesundheitsdienst und Wohlfahrtspflege [BWG], 2006, S.19)

2.6 Konsequenzen für eine gesundheitsorientierte Beratung

Bei einer erfolgreichen gesundheitsorientierten Beratung in Bezug auf Personen, welche unter erhöhtem Stress leiden, ist es von großer Wichtigkeit, dass der Berater sich auf die persönliche Situation des Kunden einlässt und ihn versteht. Das Herausfinden der Quellen der individuellen Stressoren ist hier von höchster Priorität, um den Kunden bei einer Lösungsfindung optimal zu unterstützen. Wurden diese erst einmal identifiziert, so steht der Berater dem Kunden mit Ratschlägen zur Eliminierung und Reduzierung dieser Stressoren zur Seite.

Da der Kunde sich ein entspannteres und stressfreieres Leben wünscht, sind das Setzen von Prioritäten, das Definieren von klaren Zielen, sowie die sinnvolle Zeiteinteilung der täglichen Aufgaben wertvolle Ratschläge, welche dem Kunden in der Umsetzung der Stressausschaltung zu Gute kommen.

Ebenfalls ist das Eingehen auf die Regulierung von körperlichen und emotionalen Stressreaktion wegweisend für den Kunden, wie zum Beispiel, das Reduzieren von ungesunden Lebensmitteln, wie Fastfood oder übermäßigen Alkoholkonsum. Im Umkehrschluss sind die Erhöhung von sportlichen Aktivitäten und die Zeit für Entspannung sinnvoll. Die Förderung gesunder Lebensweisen hat zum Ziel, sich vor eventuell auftretenden Stresssituationen zu schützen.

Desweitern sollte der Berater mehr über das physische und soziale Umfeld des Kunden herausfinden, um somit die Stressreduzierung zu verstärken. Vor allem der soziale Rückhalt, wie Unterstützung im Alltag oder Hilfe bei Problemen sollten bei der Stressreduzierung gefördert werden. Eine weitere wichtige Aufgabe des Beraters ist es, dem Kunden optimistische Zukunftschancen aufzuweisen, damit dieser einen weiteren Ansporn hat, sein stressiges Leben etwas langsamer anzugehen.

Zusammengefasst hat der Berater die Aufgabe, Rahmenbedingungen für den Kunden zu schaffen, damit dieser lösungsorientiert Handeln kann und somit seine Ziele erreicht.

Der Berater nimmt lediglich eine begleitende Haltung ein, damit der Kunde seine Stresssituationen zukunftsnah alleine bewältigen kann.

3 Beratungsgespräch

3.1 Einordnung des Fallbeispiels in Modell des gesundheitspsychologischen Verhaltens

Anhand des transtheoretischen Modells der Verhaltensänderung (TTM), welches das gesundheitspsychologische Verhalten in Bezug auf Verhaltensänderungsprozesse erklärt, lässt sich die momentane Ausgangssituation von Frau M. in Fallbeispiel 1 analysieren. Die Kundin befindet sich gegenwärtig auf der zweiten Stufe des Modells, der Absichtsbildung, welche sich durch eine hohe Stabilität kennzeichnet. Die erste Stufe der Absichtslosigkeit bereits durchbrochen und hat nun die Intention, ihr Gewicht zu reduzieren. Durch das Bewusstwerden ihres individuellen Problems, ist eine offene Auseinandersetzung mit ihrem Verhalten, das Herausarbeiten von Vor-und Nachteilen mit dem Berater von hoher Wichtigkeit. Folglich benötigt die Kundin gewisse Maßnahmen und Rahmenbedingungen, bereitgestellt durch den Berater, um ihre Ziele realisieren zu können. Mit ihrem Entschluss ist der Kundin das Problem bewusst geworden und sie hat den Nutzen für sich selbst bereits herausgefunden

Damit die Kundin nicht wieder auf die erste Stufe zurückfällt, oder auf der zweiten Stufe stagniert, ist es elementar, dass der Berater ihr ein positives, unterstützendes Gefühl vermittelt, welches Sie in ihrer Entscheidung bestärkt und somit zukunftsorientierte Fortschritte bewirkt. Für eine erfolgreiche Beratung ist es wichtig, dass Frau M. in dem Wunsch einer ausgewogenen, regelmäßigen Ernährung verstanden und praxisorientiert beraten wird. Ebenfalls sollte man auf die Aussage eingehen, dass Sie in der Vergangenheit bereits regelmäßig Sport betrieben hat. Daraus lässt sich schlussfolgern, dass die Bewegung positiv assoziiert wird. In der Beratung sollten verschiedene gesundheitspsychologische Ziele und Möglichkeiten bereitgestellt werden, wodurch es der Kundin leichter fällt, Familie und Sport im Alltag zu koppeln, mit der Berücksichtigung auf ihren eingeschränkten zeitlichen Faktor. Denn erst wenn die Kundin eine Möglichkeit darin sieht, Familie, Arbeit, Ernährung und Bewegung im Alltag mit geringem zeitlichem Aufwand zu vereinbaren, wird sie die momentane Stufe 2 der Absichtsbildung verlassen und auf Stufe 3, die Vorbereitung überspringen.

3.2 Rolle des Beraters einer gesundheitspsychologischen Beratung

Der Berater spielt eine elementare Rolle in der Kundenberatung. Nicht nur durch seine Präsenz, sondern auch durch seine kundenzentrierte, offene Haltung unterstützt er den Kunden dabei, seine eigenen Ziele und Wünsche herauszufiltern. Da der Berater ein immaterielles, nicht greifbares Produkt verkauft, setzt er lediglich Rahmenbedingungen für den Kunden, damit dieser seinen eigenen Weg finden und realisieren kann. Bezogen auf Fallbeispiel 1. ist es wichtig, dass der Berater Frau M. dabei unterstützt wieder in eine Routine zu gelangen, in welcher ein gesunder und ausgewogener Lebensstil mit ihrer Familie vereinbar ist.

Da der Berater vom ersten Kontaktmoment an, für den Kunden eine Bezugsperson darstellt, sollte er auf das erste Gespräch gut vorbereitet sein. Hierbei ist die organisatorische Vorbereitung, sprich vorhandenen Informationen über den Kunden, ausreichend Zeit oder eventuell benötigte Unteralgen von genauso großer Bedeutung wie die mentale Vorbereitung, welche nicht nur seine innere, sondern auch äußere Sicherheit reflektiert. Durch seine positive, offene und unterstützende Art baut der Berater eine Vertrauensebene zu dem Kunden auf, welches sich während der Beratung bestenfalls zu einer persönlichen Beziehungseben (positiver Rapport) entwickelt. Dabei entscheidet der Kunde über die Sympathie zum Berater nicht nur durch dessen verbale Kommunikation, sondern vorwiegend über die nonverbale und paraverbale Kommunikation. Folglich ist es grundlegend, dass der Berater sich authentisch in seiner Körperhaltung, sowie Gestik und Mimik präsentiert. Des Weiteren sollte er von seinen eigenen Worten überzeugt sein, aber vor allem, Ehrlichkeit ausstahlen. Es ist wichtig, dass dem Kunden eine vertrauensvolle Umgebung geboten wird, in welcher er sich sicher fühlt und über seine Probleme, aber auch Wünsche und Erwartungen sprechen kann. Der Berater steht dem Kunden dabei nicht nur mit seinem Fachwissen zur Seite, sondern auch mit seinen Sozialkompetenzen, welche es ihm erleichtern sich in den Kunden hineinzuversetzen. Bestenfalls besitzt der Kunde einen weitaus größeren Redeteil während des Beratungsgespräches als der Berater selbst, damit dieser möglichst viel über den Kunden herausfinden kann und die Informationen beim Schreiben der Trainingspläne verwenden kann. Bezogen auf Frau M. in Fallbeispiel 1 ist bekannt, dass Sie früher viel Sport getrieben hat. Der Berater kann an dieser Stelle darauf eingehen und nachfragen, welche Sportarten sie betrieben hat und welche ihr besonders Spaß gemacht haben. Diese Information erleichtert dem Berater die passenden Kurse oder Freizeitaktivitäten für Frau M. zu finden.

3.3 Gesprächsverlauf

Eingesetzte Werkzeuge:

- Aktives Zuhören, offene Fragen, soziale Unterstützung
- SMART-Analyse
- Verstärkerplan, Barriere-Management
- Kontrolle: regelmäßiger Kontakt, Anker, erfolgsorientierte Kausalattribution

Berater: „Schön, dass Sie meiner Einladung gefolgt sind Frau M.. Erzählen Sie doch mal, was wollen Sie genau ändern und warum?"

Frau M.. „Ich habe mich sehr auf unser heutiges Treffen gefreut. Na, wie man sieht bin ich doch etwas aus der Figur geraten. Ich esse nur noch sehr unregelmäßig, häufig abends und dann auch nur das was schnell geht und auch den Kindern schmeckt......Nudeln, Pizza, Käseaufläufe.....früher habe ich mich so gesund ernährt und 3-4 Mal die Woche Sport gemacht, aber jetzt, nichts mehr....., dabei habe ich mich doch immer so gut gefühlt, wenn ich mich bewegt habe. Das Gefühl möchte ich wieder haben."

Berater: „Es freut mich zu hören, dass Sie sich ihrem Problem bewusst sind und etwas ändern möchten. Sollte sich nichts ändern an ihrer momentanen Situation, was würde das für Sie heißen Frau M.?"

Frau M.: „Dann werde ich nur noch unzufriedener und launischer und vertreibe damit meine Freunde. Außerdem denke ich, dass meine Gesundheit stark darunter leiden wird. Mein Arzt warnte mich bereits vor einer möglichen Diabeteserkrankung."

Berater. „Ist das einer der stärksten Gründe, die für Sie persönlich für eine Veränderung sprechen? Sehen Sie noch weitere Vor-und Nachteile für sich?

Frau M.: „Auf jeden Fall. Naja, ich muss zwar Zeit und Geld investieren, manchmal auch einen gemütlichen Fernsehabend mit meinen Mädels sausen lassen, doch am Ende lohnt sich das alles für ein besseres Körpergefühl und natürlich auch für die Gesundheit, wie eben schon erwähnt. Aber ich muss zugeben, dass ein schönes Äußeres ebenfalls ganz oben auf meiner Prioritätenliste steht."

Berater: „ Was hält Sie noch davon ab, Ihr Vorhaben in die Tat umzusetzen?"

Frau M.: „Alleine schaffe ich es einfach nicht. Ich brauche Unterstützung in der Umsetzung und Planung, wenn ich ehrlich bin. Vor allem bei der Ernährung."

Berater: „Wer kann Sie denn bei Ihrem Vorhaben unterstützen?"

Frau M.: „ Mein Mann. Der ist immer sehr hilfsbereit und würde sogar auch gerne wieder anfangen zu trainieren. Er spielt schon seit längerem wieder mit dem Gedanken."

Berater: „Das ist toll zu hören. Haben Sie sich denn schon Gedanken gemacht, wie vielleicht der erste Schritt aussehen könnte? Eventuell auch als Paar?"

Frau M.: „Wir möchten die gemeinsamen Wochenenden auf jeden Fall nutzen um aktiv zu sein. Vielleicht besuchen wir auch Kochkurse. Persönlich möcht ich mindestens 10 Kilo in 6 Monaten verlieren. Ich möchte auf jeden Fall 2-3 Mal die Woche trainieren kommen, für 1 -2 Stunden."

Berater: „Haben Sie sich Zwischenetappen gesetzt auf dem Weg zu ihrem Ziel? Irgendwelche Belohnungen vielleicht?"

Frau M.: „Das habe ich, denn Motivation benötigt jeder. Für jedes Kilo, welches ich verliere, werfe ich ein altes Kleidungstück weg und kaufe mir dafür ein Neues. Egal ob es eine Nummer kleiner ist oder nicht, hauptsache es tut mir gut als Belohnung."

Berater: „Na das klingt doch mal wie ein toller Ansporn. Was aber, wenn es mal nicht so nach Plan läuft mit dem Abnehmen?"

Frau M.: „Dann schaue ich mir meine schlanken Bilder von früher an (lacht). Ich versuche so vielen Freunden wie möglich von meinem Vorhaben zu erzählen und hoffe, dass sie mich dabei unterstützen werden. Ich weiß, dass ich meine Freunde jederzeit anrufen kann und sie mich voll und ganz unterstützen werden."

Berater: „Wie können Sie sich denn selbst bei der Umsetzung Ihres neuen Verhaltens kontrollieren?"

Frau M.: „Erst einmal werfe ich alle Süßigkeiten weg und ersetzte diese mit gesunden Nüssen und Früchten, damit zu Hause überhaupt erst nicht in Versuchung gerate. Und dann dachte ich an einen Ernährungsplan, um mir meine Einkäufe zu erleichtern."

Berater: „Das klingt super und ist eine tolle und abwechslungsreiche Basis."

3 MONATE SPÄTER

Berater: „Frau M. Sie sehen klasse aus. Wie geht es Ihnen?"

Frau M.: „Wie Sie sehen geht es mir blendend. Ich habe bereits über 8 kg abgenommen. Viel mehr als erwartet."

Berater: „Wow! Was oder wer hat Sie denn dabei motiviert?"

Frau M.: „Ich muss zugeben, ich habe viel Eigenarbeit geleistet. Ich habe mich jeden Morgen vor den Spiegel gestellt und mir gesagt wie toll ich aussehe und dass ich es mir wert bin mit gut zu fühlen und mich gesund zu ernähren. Die ersten Wochen was das ein wenig schwierig, aber dann ging es ganz wie von selbst."

Berater: „So eine hohe Eigenmotivation sehe ich nicht oft. Hat sich denn sonst noch etwas in ihrem Leben verändert außer ihrem Äußeren?"

Frau M.: „Sehr viel hat sich geändert. Mein Körpergefühl, meine Lebensfreude aber vor allem auch meine Gesundheit."

Berater: „Ihr Arzt muss stolz auf Sie sein. Gab es denn auch mal kritische Situationen, in denen Sie alles einfach hinwerfen wollten?"

Frau M.: „Erstaunlicherweise nur sehr selten und wenn dann in der Anfangsphase. Ich gebe zu, ich nasche ab-und zu schon noch ein bisschen Schokolade aber lange nicht mehr so viel wie vorher. Ich denke, der Grund warum es so gut läuft ist, dass ich mir nichts verbiete, aber nur in Maßen genieße."

Berater. „Das freut mich wirklich sehr zu hören. Ich hoffe Sie werden genauso erfolgreich weitermachen, wie Sie angefangen haben."

4 Literaturverzeichnis

Bamber, E., Keller, M., Wohlert, C., Zeh, A., (2006). *BWG-Stresskonzept, Das arbeits-psychologische Stressmodell,* Hamburg: Berufsgenossenschaft für Gesundheitsdienst und Wohlfahrtspflege (BGW).

Bandura, A. (1992). *Social cognitive theory and social referencing. In S. Feinman (Ed.), Social referencing and the social construction of reality in infancy.* New York: Plenum Press, 175-208.

Birbaumer, N., Frey, D., Kuhl, J., Schneider, W., Schwarzer, R. (2012) *Enzyklopädie der Psychologie, Grundlagen der medizinischen Psychologie, Medizinische Psychologie* (Bd. 1). Göttingen: Högrefe Verlang.

Elkin, A. (2009). *Stressmanagement für Dummies.* Das Pocketbuch. Wein-heim: WILEY-VCH Verlag GmbH & Co. KGaA.

Holz, M., Zapf, D. & Dormann, C. (2004). Soziale Stressoren in der Arbeitswelt: Kollegen, Vorgesetzte und Kunden. *Arbeit,* 13 (3), 278-291.

Kaluza, G. (2005). *Stressbewältigung - Trainingsmanual zur psychologischen Gesund-heitsförderung.* Berlin: Springer.

Kaluza, G. (2012). *Gelassen und sicher im Stress,* (6. Aufl.). Berlin/Heidelberg: Sprin-ger Verlag.

Kaluza G. (2014). *Gelassen und sicher im Stress – Das Stresskompetenz-Buch.* (5. Aufl.). Berlin: Springer Verlag.

Lazarus, R.S. & Launier, R. (1981). *Streßbezogene Transaktionen zwischen Personen und Umwelt. In Nitsch, J.R. (Hersg.), Streß, Theorien, Untersuchungen, Maßnahmen* (S. 213-259). Bern: Huber.

Lazarus, R.S. & Folkmann S. (1984) *Stress, appraisal and coping.* New York: Springer.

Lazarus, R.S. (1999). *Stress and emotions: a new synthesis.* New York: Springer.

Litzcke, S.M, Schuh, H. (2007). *Stress, Mobbing und Burn-out am Arbeitsplatz* (4., vollst. bearb. Aufl.). Heidelberg: Springer Medizin Verlag.

Schwarzer, R. (2004). *Psychologie des Gesundheitsverhaltens.* Göttingen: Hogrefe Verlag, 20-21.

Selye, H. (1988). *Stress. Bewältigung und Lebensgewinn.* München: Piper Verlag.

Stuhlmann, E. (2009). Weniger Stress im Beruf. *Stressmanagement (IST),* 8 (1), 9-10.

Ver.di, (2015). *Umfrage „Stress und Arbeitsbelastung in Deutschland",* Deutschland: TNS Infratest Politikforschung.

Wagner-Link, A. (2009). *Aktive Entspannung und Stressbewältigung: wirksame Methoden für Vielbeschäftigte.* (6. Aufl.). Renningen: expert.